SIMPLE CAUSERIE

SUR LES

AFFAIRES D'ESPAGNE

SIMPLE CAUSERIE

SUR LES

AFFAIRES D'ESPAGNE

PAR

OSCAR LESSINNES

PARIS

CHEZ LES PRINCIPAUX LIBRAIRES

—

1869

SIMPLE CAUSERIE

SUR LES

AFFAIRES D'ESPAGNE

On pouvait croire qu'en ce moment les attaques méchantes contre la personne auguste des deux Souverains d'Espagne allaient cesser. Il y a dans toutes les révolutions des instants de calme et de lassitude où les peuples pensent et semblent faire un retour sur eux-mêmes. Les discussions et les colères se calment. Les partisans de chaque camp se rapprochent dans cette trêve moralement consentie des deux côtés.

Est-il possible, au surplus, pour les peuples comme pour les individus, de ne point aspirer en cette saison à un repos réparateur ? Un ciel serein montre l'infini, et notre monde voguant dans les espaces azurés paraît si petit avec ses querelles et ses dissensions ! La nature entière sourit et se pare. Tout invite à la douceur et à l'affection. C'est une si lourde charge qu'une haine à porter! Il est si facile et si bon de se laisser aller à aimer.

Se moquant de toutes ces choses, qu'elle traite de poésie creuse, une vieille femme de lettres, connue pour quelques vers, aigrie sans doute par l'âge et l'insuccès, vient de publier un petit livre malsain, où son imagination dévergondée a voulu peindre un monde interlope, qui existe peut-être dans la fange parisienne. Cette publication, faite en vue des boudoirs, peut laisser une trace plus profonde dans l'esprit de ceux qui la liraient, que bien des ouvrages sérieux. Le public ajoute toujours foi plus facilement aux calomnies, qu'aux grandes et utiles vérités. Présentées au milieu d'autres choses piquantes, ces calomnies plaisent, par leur nature croustillante, à ceux qui n'ont rien à faire qu'à recueillir les bruits et à les répandre.

Quand un écrivain attache son nom à un travail de ce genre, il ne mérite plus de réponse : aussi je ne veux pas répondre à Mme Louise Collet, dont le style, ne rappelant en rien celui de Mme de Sévigné, veut décrire des mœurs que nous autres étrangers nous ne connaissons pas, et qui, nous le savons bien, n'auraient jamais tenté la plume d'une honnête mère de famille de nos pays.

Dans une description de certaines mœurs répugnantes, Mme Collet aime à placer quelques pointes politiques : histoire de faire comprendre qu'à ses moments perdus, en dépit de sa barbe, de ses lunettes et de ses bas bleus, ou plutôt à cause de tout cela, elle sait penser au bonheur des peuples. Elle adore Garibaldi et l'Italie, et déteste « le donjon papal, où, dit-elle, se forgent nos fers. » Etant donnée l'aimable qualité de femme à Mme Collet, je me permettrai de dire que jamais je n'avais entendu parler des forges des Etats-Pontificaux. Les fers d'une femme, qu'est-ce que cela peut être ? Sont-ce les agraffes des corsets, les boucles des jarretières et les cercles des crinolines ? Je plaindrais celui qui se chargerait d'aller trop près de Mme Collet vérifier la qualité de « ses fers forgés à Rome. » Qu'elle se fournisse à Paris ! Elle ne veut peut-être pas faire aller un commerce existant dans l'Empire. Elle le déteste aussi, cet Empire, avec toute la rage que donnent à une vieille femme l'impuissance de nuire et ses préjugés mesquins.

Le Pape et l'Empereur forment, quoi qu'en pense Mme Collet, une excellente compagnie pour les Souverains légitimes d'Espagne, à qui cette dame réserve des foudres tout spéciaux.

Voici ce qu'elle a écrit :

« ... Un jour, Mme Z... raconte une très plaïsante anecdote sur une reine de vieille race, qui a l'habitude de donner à chacun de ses amants un riche reliquaire renfermant une petite partie du saint dont le bien-aimé du moment porte le nom. Mme Z... ajoute que l'avorton d'époux de la reine prenait sa revanche en s'amusant plus en Valois qu'en Bourbon... »

La fin du livre est celle-ci :

« ..... Concourir à la chute du donjon papal, d'où monte la nuit et où toutes nos chaînes se forgent, n'a pas tenté cette âme énervée par la honte.

« L'efféminé a manqué l'heure de redevenir un homme : il n'a été qu'un Marfori au petit pied.

« Soyons justes même envers les reines, ces grandes désœuvrées qui n'ont que la peine de naître : la pudeur de la prude Béatrix vaut la pudeur de la dévote Isabelle. »

N'est-ce pas que ces attaques sont ignobles et qu'elles sont indignes d'un écrivain appartenant au sexe auquel on aime à voir confier l'empire de la grâce, de la douceur et de la bonté.

Est-ce que toutes ces choses devraient se trouver sous la plume d'une femme? Et comme l'on se sent porté à mépriser la malheureuse qui écrit cela! et comme ses enfants — si Dieu lui a donné l'ineffable faveur d'en avoir — doivent la craindre au lieu de l'aimer. — Le style de Mme Collet et ses pensées font sur mon esprit la même impression horrifiante que le ferait sur le corps le contact hideux d'un immonde reptile. — On peut bien parler ainsi d'une femme, quand elle oublie la réserve de son sexe. On ne doit plus avoir l'honneur d'être traitée en femme, quand on n'a pas le courage d'être loyale et généreuse. Il est trop facile de se mettre derrière sa qualité de femme pour se permettre la méchanceté. Un homme lâche et une femme indigne se ressemblent : celle-ci n'est pas plus une femme que celui-là n'est un homme.

Oh! France! ancien pays de chevalerie, combien tes républicains te souillent et te feraient injurier ton histoire ! Jadis, l'aïeul d'Isabelle II et de don François d'Assises recevait à Saint-Germain la veuve exilée de Charles Ier d'Angleterre : la France était fière de l'hospitalité donnée par Louis XIV. Aujourd'hui, dans la Grande Nation, une femme insulte ignominieusement les descendants du roi-soleil, et leur exil serait pis que la mort, si l'amitié de l'Empereur n'apportait à une grande douleur les affectueuses consolations que Son noble cœur sait inspirer à Napoléon III.

Les honnêtes gens ne veulent pas savoir quelle différence distinguait les Valois des Bourbons ; mais quand on a, ainsi que Mme Collet, été panser les blessures de Garibaldi, on ne doit rien ignorer. Quand on a eu l'honneur de faire rire à ses dépens l'Italie entière, on doit être fière, et on l'est; on doit montrer sa science, et on la montre.

Laissons là cette triste dame, dont l'opuscule est venu seulement prouver que les partisans des Bourbons d'Espagne ne peuvent pas s'arrêter à les défendre, puisque leurs ennemis n'arrêtent pas leurs attaques. Arrivé à l'heure de la défaite, j'aime à faire honte à tous ceux que la Reine a protégés dans sa puissance et qui se taisent aujourd'hui. Etranger, je me plais à être l'avocat de cette noble cause, dont je cherche en vain de tous côtés les soutiens énergiques. L'énergie a cédé la place à un découragement funeste. C'est un spectacle désolant que celui de toutes les trahisons et de toutes les défections que ces derniers temps ont vues. Mais c'est une chose non moins triste que la vue des hommes affaissés et abattus qui doutent du retour, qui s'affligent au lieu de combattre, et qui, comme des femmes, restent couchés sur le sol, attendant le coup qui les doit frapper, et ne se sentent plus assez de force et de vigueur pour se relever, pour lutter encore, pour combattre. Je parlerai donc seul dans cette grande ville, où quelques exilés d'Espagne cherchent le plaisir, au lieu de chercher des appuis et d'étudier ce qui convient à leur patrie. Vous voyez bien que les attaques continuent; vous voyez bien que des méchants ne laissent même pas les deux infortunés Sou-

verains tomber avec décence. Ils leur jettent
d'ignominieuses insultes : je n'y veux pas répondre ; mais je veux, devant ces lâchetés, pui-
ser dans mes sentiments royalistes la force de
lutter encore pour la Reine, pour sa cause et
son trône.

Avant tout, laissez-moi épuiser un sujet à
propos duquel on a fait trop de bruit.

Enfin, qui est-ce que M. Marfori ?

... M. Marfori est à l'âge où l'on est presque un
vieillard en Espagne. Sa barbe sera bientôt toute
blanche. Sans avoir des qualités éminentes qui
font un homme d'Etat supérieur et devant peser
du poids de son génie sur les destinées de l'Eu-
rope, c'est un homme d'administration très entendu, un homme modéré, dont la place aurait
été marquée partout dans les fonctions publiques. Il a servi l'Espagne avec dévouement :
c'était son devoir ; — avec des idées fausses,
dit-on : — peut-être ; mais avec bonne foi, en
tout cas. Il est estimé tout particulièrement du
Roi, parce que c'est un honnête homme. Il est,
comme tant d'autres, dévoué à la Reine, parce
que c'est sa Souveraine. Aujourd'hui, il est
quelque part avec sa femme et ses enfants, en
Suisse, en Italie, à Paris, peut-être, ou dans ses
environs, que sais-je ? et il se repose dans le
bonheur de la famille des travaux que sa position

politique et ses idées politiques lui imposaient depuis l'exil de deux Souverains, qu'il a servis tour à tour en qualité de ministre, de gouverneur de Madrid et d'intendant de leur maison.

Eh bien, qu'y a-t-il de coupable dans ceci : qu'un homme qui se croit nécessaire travaille au triomphe de ses idées? Il reste à Paris pour cela ; il abandonne sa famille et reste à son poste de conseiller et d'ami des Souverains. On l'accuse d'ambition. Peut-être a-t-on raison? Mais, en tout cas, c'est une ambition qui croit être utile, qui est légitime au service d'idées royalistes. On ferait peut-être mieux d'attaquer les principes d'après lesquels il voulait restaurer le trône des Bourbons. Pour un tel rôle, ses idées n'étaient pas assez larges : il aurait fallu une autre tête ; mais si le cœur suffisait à une telle mission, M. Marfori aurait fait de grandes choses.

Il avait la confiance de la Reine et du Roi ! Où est le mal? Quand le Souverain est une femme, il faudrait peut-être que les ministres fussent femmes aussi !

En Espagne, le Roi a une trop grande idée de ses devoirs pour ne pas estimer les vrais et loyaux serviteurs de la Reine. Le Roi sait ce qui convient à sa dignité et il est au moins singulier que des gens, que cela ne concerne pas, s'occupent, dans les journaux et dans le monde, de quelques détails insignifiants qui n'ont pas de valeur en politique.

Qu'importe-t-il que M. Marfori ou tel autre soient les amis des Princes! Ce qui importe, c'est que les Princes ne laissent pas leur auguste caractère recevoir des conseils funestes. Et tel n'est pas le cas.

La vraie cause de ces calomnies vient des élements même dont les anciennes cours, et particulièrement celle d'Espagne, sont composées. Avec des Princes dont le cœur est bon et l'accueil toujours affable, beaucoup peuvent prendre pour des avances d'amitié ce qui n'est que l'expression polie d'une esquise courtoisie. L'Espagnol est exclusif dans toutes ses affections, et l'ami souffre autant de voir un nouvel ami à ses Princes qu'un amant souffre d'une infidélité de sa maîtresse. C'est une faiblesse des caractères méridionaux. Les grands d'Espagne ont leurs entrées à la cour avec beaucoup de fonctionnaires et de nobles. Qu'arrivait-il? Tous ces personnages, à leur entrée à la cour, s'imaginaient avoir conquis l'amitié des Princes, laquelle était toujours un *honneur*, quand elle n'était pas une cause *d'honneurs* ou de profits. Ils s'imaginaient arriver à de hauts emplois grâce à ces augustes amitiés, et espéraient un ministère, une ambassade, et mille autres choses fort honorables et fort lucratives, en échange des sentiments affectueux qu'ils faisaient semblant de porter aux Souverains; mais ceux qui avaient des capacités, de l'instruction, un caractère d'initiative, parvenaient seuls, et c'était extrêmement juste; mais ceux-là étaient la petite minorité : en effet, un grand d'Espagne , par suite du funeste usage , qui fait rassembler sur une seule tête tous les titres qui appartiennent à des branches collatérales éteintes, est trop grand seigneur, trop pompeusement titré, et s'il n'est pas élevé d'une façon esquise, au lieu d'être un soutien pour son Prince, il lui est un embarras avec sa vanité de naissance et son peu d'intelligence, qui le rend impropre à tout.

Aujourd'hui, tous ces fils de grande maison reçoivent encore la même instruction tiède et douce d'il y a cent ans, tandis que le peuple et la bourgeoisie étudient à la vapeur les larges questions modernes. Les grands d'Espagne qui ont une instruction réelle sont arrivés à de hautes positions politiques ou honorifiques; mais peu ont eu cet honneur. C'est un grand malheur que la rareté des sujets éminents sortis de cette classe riche et privilégiée.

Toute caste qui compte peu de membres finit toujours ainsi. L'éducation y remplace, par de grandes manières, un fond solide d'instruction, sans lequel les premières n'ont plus de valeur.

Tous ces petits amours-propres et ces orgueils illégitimes ont souffert d'être au second rang dans les assemblées publiques et à la cour même, où le plus souvent les Souverains n'ont choisi leurs amis et leurs conseillers que parmi des hommes de talent.

Mécontents et humiliés, quelques grands d'Espagne se chuchotaient bien des choses méchantes à l'oreille, et ces bruits, répandus ailleurs, grossissaient et prenaient la valeur de bonnes et grosses calomnies.

Le malheur du règne d'Isabelle est de ne pas avoir suffisamment réformé la haute noblesse d'Espagne, et de lui avoir trop facilement donné accès à la cour. Des Souverains ne doivent pas se prodiguer ni prendre trop d'amis. Ces nobles, si fiers de leurs trop nombreux titres, devenaient, dans le fond du cœur, des ennemis lorsque l'on n'en voulait pas pour amis et confidents, et leur colère ne pouvant pas se manifester restait dans leur âme, et au jour où la Reine avait besoin de tous ses défenseurs, ils se sont abstenus.

Leurs services, d'ailleurs, auraient été inutiles; car leur esprit n'est généralement pas à la hauteur de leur naissance. Toutefois je me plais à rendre hommage ici à l'un d'eux, qui s'est montré au-dessus de ses égaux au moment du malheur, et dont le dévouement inaltérable et intelligent a, pour ainsi dire, fait absoudre la faiblesse et l'abstention de tant d'autres. Il se montre tous les jours, dans sa haute charge près des Souverains exilés, tel que tous ses égaux devraient être.

Je crois que les trois quarts des grands d'Espagne sont une des causes de la révolution, qui aurait pu être retenue ou sagement guidée par de grands noms, grandement portés et non portés par des ignorants.

Aujourd'hui, un régent préside aux destinées de l'Espagne. Elevé par les bienfaits de la Reine à un point où il a pu blesser de plus près sa bienfaitrice, il trahira encore, l'ayant déjà fait; mais en faveur de qui ? On voit des grands d'Espagne prêter serment à la nouvelle Constitution avant que la Reine ne les ait déliés des serments prêtés à sa personne; on voit tout trembler, l'avenir se charger de nuages, la dissolution empruntée à l'étranger se fortifier au cœur de l'Espagne, les droits les plus sacrés méconnus, une auguste famille forcée de supporter l'horrible agonie d'une vieille race royale bientôt aux prises avec des difficultés matérielles : où sont les grands d'Espagne ? où est la noblesse ? où est l'antique honneur de ces maisons dotées par les ancêtres de la Reine ? Il y a quelques fidèles qui pleurent et se lamentent. Mais les hommes avides de croix au moment de la

puissance, où sont-ils au jour du malheur? Eh
mon Dieu! où donc ces beaux fils peuvent-ils
être, si ce n'est autour d'une table de lansque-
net?..... Paris les corrompt. Paris les a pris à
l'Espagne ignorants, et les lui rendra pourris.
Oh! que j'ai donc quelquefois envie de pousser
ces petits-neveux du Cid vers leur patrie, en leur
criant : « Votre devoir est à Madrid, pour défendre la Reine ou préparer son trône à son Fils.
Quand on peut servir dans sa patrie pour la
bonne cause, on est coupable d'être émigré : ce
sont les émigrés français qui ont facilité le
triomphe de la Révolution de 93. Il faut être là
où vos ennemis luttent, afin de leur disputer
pied à pied le terrain. » Mais non, ces Espa-
gols restent pour la plupart immobiles. Quel-
ques-uns se feraient tuer pour leurs Souverains.
Mais ces dévouements isolés ne relèvent pas un
trône. Il leur manque l'organisation et la direc-
tion aux mains d'un homme presque dur, éner-
gique et passionné pour la justice.

Bonne et vieille nation, — nation de braves,
vous tombez; vous faillissez à votre mission. Et
pourtant la ressource ne manque pas en vous; et
la famille des Bourbons, avec ses racines dans
le passé et ses sentiments éprouvés de patrio-
tisme, est là, les mains pleines de pardons et
d'indulgence, toute prête à sacrifier son repos
pour votre bonheur. Mais, pour qu'elle agisse,
n'a-t-elle pas besoin d'autre chose que des dévoue-

ments stériles dont on fait parade dans les salons? Il faut parler au public, le convaincre, le remuer, agir enfin; car, quelle que soit la destinée réservée à l'Espagne, jamais elle ne possédera des Souverains prenant autant à cœur le bonheur de la patrie, ses intérêts et sa grandeur; et c'est ce dont l'Espagne sage et modérée a besoin de convaincre l'Espagne agissante et révolutionnaire. Le régime constitutionnel ne peut pas avoir en Espagne de Souverain plus convaincu de sa supériorité sur toutes les autres formes de gouvernement que la Reine Isabelle.

Il y a deux ans passés, alors que que je ne prévoyais pas devoir prendre un jour la défense d'un trône écroulé, je fus saisi de l'expression qu'employait à l'égard de la Reine d'Espagne, dans un livre révolutionnaire, l'un des plus fanatiques écrivains radicaux de France, Edgard Quinet. Il avait un chapitre intitulé : *La Madone Constitutionnelle.*

Pour celui qui ne croit pas en Dieu, et qui n'a jamais pu comprendre la consolation ni la douceur de la doctrine catholique, le mot de madone appelait peut-être tout un monde d'idées moqueuses. Mais, pour un chrétien, cette appellation, trouvée par un écrivain qui est resté un poëte, bien que ses ailes aient été coupées par des ciseaux impies, c'était une révélation. La Madone chrétienne fut en effet l'initiatrice à une civilisation nouvelle ; elle fut la mère du Christ.

On retrouve toujours une femme à la source de toutes les choses grandes et durables, et pour quitter la sphère incontestablement supérieure de la religion et descendre dans la politique, l'introduction d'une Constitution en Espagne, sous l'égide d'une femme aussi noble de cœur qu'Isabelle II, présageait la durée de la situation nouvelle de l'Espagne, et pronostiquait un bonheur certain à ce pays, charmant et parfumé de je ne sais quelle poésie chevaleresque.

Cette femme, descendante de tant de Rois, pouvait s'attendre éternellement au respect et à l'affection d'une nation naturellement portée à aimer et à honorer le sexe faible. Il y eut en effet, on ne peut le nier, un grand nombre d'années de parfaite entente entre la Reine et les personnages éminents de la nation ; je ne dis pas entre la Reine et le peuple proprement dit : ce peuple n'a jamais cessé un seul instant de porter à la dynastie légitime le plus sincère attachement ; mais, et c'est là le malheur de l'Espagne, le peuple n'a pas le courage de faire connaître son sentiment. Oui, dans les hautes sphères politiques, il y eut quelque temps une paix complète, et, sans remonter plus haut, il suffit de se rappeler les moments de la guerre du Maroc, parce qu'alors les ministres étaient des hommes, sachant prévoir, sachant gouverner et sachant faire vibrer la fibre patriotique. Les vrais hommes d'Etat sont ceux qui savent faire naître une situation et l'exploiter au profit de leur Souverain et pour sa gloire, en y donnant l'apparence d'une grande affaire. Ce ne sont pas de bons administrateurs qui suffisent seulement à cette tâche : il faut être homme d'initiative et être prêt à jouer le tout pour le tout, en dédaignant toute spéculation personnelle d'intérêt et d'égoïsme.

Ce moment de la guerre du Maroc me revient à l'esprit de préférence à d'autres, parce qu'alors on put voir qu'il ne manquait à l'Espagne que des occasions, et surtout des caractères, pour conquérir son ancien renom de gloire, la haute intelligence de la Reine sachant comprendre et encourager toutes les brillantes et nobles tentatives destinées à rehausser la patrie.

Cette époque et tant d'autres reviennent sans doute aujourd'hui à l'esprit de la Reine exilée. Quels amers regrets doivent remplir ce cœur royal, si sa pensée se reporte vers ces délicieuses années de jeune fille, quand des flots de courtisans cherchaient un de ses sourires comme la plus douce récompense, quand sa voiture, roulant au milieu des flots populaires, excitait les acclamations enthousiastes. Alors on on était reconnaissant, et des promesses que donnaient la jeune et gracieuse Souveraine et des faits qu'elle avait déjà accomplis pour la félicité de son peuple. Plus tard, quand elle fut unie à don François d'Assises, ce type de l'honneur délicat du vrai gentilhomme, les bénédictions du peuple entouraient le jeune couple. Le bonheur souriait à tous deux, et la naissance des Infantes et du Prince semblait répondre aux vœux que l'Espagne adressait à Dieu pour cette belle dynastie. Et tant de douces émotions ont disparu, par la maladresse de quelques ministres aveugles, plus dévoués qu'intelligents. Ces fêtes du cœur, ces doux plaisirs de la puissance, ces devoirs royaux accomplis avec tant de bonne foi et payés d'abord de tant d'estime et de reconnaissance : tout cela est fini. Ce n'est pas un rêve. La poignante réalité est là, brutale et indéniable. Le trône est perdu. L'exil a commencé. Une nuit affreuse a succédé à une brillante journée !

Madame, courbez-vous sous la main du Dieu qui seul peut se dire Souverain éternel. Les institutions humaines passent et s'écoulent. Dieu seul ne passe pas. De sa puissante main, il relèvera votre trône, s'il plaît à sa miséricorde. Au milieu des complications de toutes espèces qui vont surgir bientôt plus que jamais, nul ne peut dire ce qui adviendra. Il y a dans la situation actuelle de l'Espagne tant de contradictions, tant de crimes, tant de trahisons, que rien n'est défini ni certain. Tout se montre incohérent, bizarre. La solution dernière est connue de Dieu seul.

Pourtant, si la Reine, mal servie, mal comprise, mal jugée, ne retournait pas à Madrid par un de ces coups injustes du sort, alors certainement il n'y aurait, dans tous les cas, de pratique et de possible que l'élévation au trône du Prince des Asturies. Ce serait une compensation pour le cœur de la Mère, si ce n'en était pas une pour la gloire de la Reine.

Mais les hommes sont si injustes qu'ils voudront peut-être punir dans le Fils les actions de la Mère, que leur point de vue politique leur fait regarder comme coupables. Cruelle vengeance, qui rend responsable des actes d'autrui.

En supposant qu'il y ait eu de la faiblesse, des variations de caractère, des engouements, de ces mille choses enfin plus ou moins fausses que ses ennemis reprochent à tort à Isabelle II, est-ce que la faute doit en retomber sur ses enfants? Ce Prince, âgé de douze ans, — dont je ne dirai rien; car si je suis fidèle à des Souverains déchus, mauvais courtisan, je ne sais pas comment on salue les soleils levants, — ce jeune homme n'est-il pas une cire facile à pétrir dans des idées dominant en Espagne aujourd'hui? N'est-ce pas le Prince idéal rêvé par les Cortès, qui le veulent sans précédent, sans faute, sans principe ; qui ne trouvent nulle part leur roi, et qui pourront façonner celui-ci, de sang légitime, selon leurs idées. — Oh ! triste et pénible chose que de naître sur un trône ! Pour retenir une couronne, qui est le dépôt sacré et incessible des ancêtres, un prince peut être appelé à renier politiquement sa mère, qui n'a point fait de fautes ! Et quelle torture encore pour une mère que celle-là, ajoutée à toutes celles de l'exil et des humiliations. Mais les Infantes, si bonnes et si petites encore, et dont celle qui naquit après le Prince des Asturies semble, avec sa douce figure si réfléchie pour son âge et ses yeux étonnés et profonds, être déjà l'ange et l'appui, est-ce qu'elles ne pourront pas revoir le ciel clément de la patrie ? Elles grandiront loin de Madrid ; elles ne sauront pas ce qu'est ce peuple, dont leur mère fut la Reine. La Révolution punit et châtie tout dans les familles royales : on dirait qu'elle voudrait étouffer les enfants jusque sur le sein de leur mère. Ce n'est pourtant pas là le progrès, et il ne suffit pas d'être inhumain pour paraître civilisé.

Triste et douloureuse famille, trop éprouvée et chute terrible ! Si Dieu ne la rappelle point en Espagne.

Mais non, cela ne peut pas être vrai. Si l'exil est une réalité, l'espoir du moins est encore permis, soit à la Mère, soit au Fils ! Oh ! cruelle incertitude, devant laquelle le dégoût, chaque jour augmentant pour les charges d'une couronne, se manifesterait avec énergie chez le Roi, si Sa Majesté ne savait que, comme une fortune patrimoniale, cette couronne d'Espagne faite de plus d'épines que de joyaux, ne peut pas se céder : elle est à la famille, et les droits des Bourbons à la revendiquer sont éternels et inprescriptibles ; plus cette couronne est lourde et impose de douleur, plus elle rapproche les Rois de Dieu, plus elle doit être précieuse et plus elle doit exciter le courage des Souverains, comme un champ de bataille périlleux existe davantage la valeur guerrière d'un bon soldat.

Mais que d'énergie, que d'activité, que d'habileté, que de largeur dans les idées et que de profondeur dans l'esprit il faut pour comprendre et apaiser, séduire et museler cette Révolution, aujourd'hui encore domptable et demain peut-être domptée par d'autres ! L'honneur d'un grand nom à soutenir, devant l'histoire et devant les Souverains actuels, tous sympathiques au fond du cœur, n'est pas un but trop petit pour l'emploi de tant et de si diverses qualités.

O vous tous, Espagnols, nobles cœurs, mais souvent, hélas! mauvaises têtes, écoutez cette voix amie, quoique étrangère, cette voix désintéressée, qui vous supplie d'examiner avec plus de sérieux et plus d'attention la réelle et pénible situation de vos souverains et de votre pays. Il ne suffit pas de faire des vœux. Tout ce qui a un bras, une voix, un cœur, devrait partir pour l'Espagne, afin, dans des démarches réitérées et dans des entretiens approfondis, de réveiller dans toutes les classes de la société l'ancien sentiment royaliste de l'Espagne, afin de rétablir par une conspiration à ciel ouvert et par les moyens légaux l'ancienne cohésion existante entre la Famille Royale et le peuple.

Il y a certainement à travailler dans ce sens. Il faut travailler : c'est être lâche que de ne le pas faire; c'est être faible que de ne pas lutter; c'est être faible que de se croire abattu parce qu'il plaît à une poignée d'intrigants et d'ambitieux de le proclamer. Une femme peut se croire perdue pour quelques indices superficiels; mais les hommes doivent généreusement, vaillamment, résolûment regarder en face le gouvernement de carton que régit aujourd'hui un traître, et qui n'a ni racines dans les mœurs, ni appui sérieux dans le vrai peuple.

Ceux qui ne pensent pas pouvoir lutter subissent un découragement que ne doivent pas connaître des cœurs virils. Ils perdent la dynastie et le trône, et répondront dans l'histoire de la faiblesse de leur caractère, ainsi que de leur égoïsme, qui leur fait préférer le repos des bourgeois à la gloire des héros. Je vous compte; je vous vois, et tous vous avez dn cœur; et vous hésitez; vous ne seriez que deux, et ils seraient cent mille: vous les pouvez dompter, si vous êtes convaincus, si vous avez la foi ; regardez-les, parlez-leur doucement. Ils n'étaient que douze, ceux qui ont lancé dans le monde la religion nouvelle du christianisme, et le monde est devenu chrétien. Ne vous endormez pas dans une attente trompeuse. L'Espagne ne viendra pas trouver ses Souverains à Paris; mais les partisans de ceux-ci dóivent aller la trouver chez elle, avec les seules armes qui triomphent aujourd'hui : la liberté, la conviction et la parole.

Il n'y a plus un moment à perdre. Pour les partis renversés par une révolution, la force d'inertie est une faute. Qu'on laisse à mon dévouement le soin de dire que les impatiences se déclarent, et que si une résolution secrète a été tenue, tous les partisans en sollicitent la connaissance. On ne sait plus ce que les chefs du parti pensent; on demande de voir clair dans le but, et dans le chemin qu'on a choisi pour y arriver. Il n'est aucune raison politique qui puisse retarder la vérité que désirent connaître tant de partisans, dont chaque minute de retard grossit le découragement. Ceci est excessivement sérieux et réclame l'attention.

Beaucoup demandent que la Reine, par une inspiration sortie de son propre cœur, de ce cœur à la bonté et à la générosité duquel chacun, même ses ennemis, rend un légitime hommage, (1) adresse elle-même un manifeste qui répare les fautes du dernier manifeste. Après tant d'événements plus tristes les uns que les autres, les Espagnols qui aiment la Reine Isabelle, ont le droit d'attendre respectueusement une volonté énoncée par leur souverain et un signe de vie de Celle dont ils espèrent le retour.

Depuis six mois, le cœur élevé de la Souveraine n'a plus parlé à son peuple, et l'on sait dans quelles tristes circonstances elle l'a fait la dernière fois, en exprimant des idées qui n'étaient pas les siennes.

Aujourd'hui, Madame, votre peuple étonné se demande avec stupeur si vous acceptez ce qui s'est fait puisque vous n'avez pas protesté en votre nom et en celui de votre Héritier? Il adresse à Votre Majesté le vœu respectueux que bientôt vous daignerez lui parler, et ainsi vous montrer telle que vous l'avez toujours été : — la digne Reine de l'Espagne et, dans le malheur comme dans la puissance, confiante en le respectueux attachement de ce peuple à votre personne, en son amour pour votre cause, en sa fidélité pour les principes que vous représentez. Tous vos en-

---

(1) Dans une brochure carliste intitulée : *le Roi d'Espagne*, M. Aparisi y Guijardo parle avec loyauté du cœur bon, pieux et noble de la Reine Isabelle. (Page 67.)

nemis lui parlent, Madame, l'enveloppent de leurs promesses et de leurs séductions : vous seule vous taisez. Il est des moments, en politique, où l'initiative sauve une situation. Le salut de votre trône dépend aujourd'hui de votre énergie, dont vous avez si souvent donné de brillantes preuves. Confiante en votre bon droit, vous devez aller en avant avec le courage que donne la conviction.

Il est encore temps de réparer des fautes, si des fautes ont été commises; de retrouver votre trône dont vous êtes descendue, mais non tombée; de renouer la chaîne de la gloire et de la popularité de votre Famille. Mais, quelle que soit la résolution que vous preniez, vos partisans la désirent connaître. Votre force est dans leur appui; ne les découragez pas, et daignez supporter avec patience ce cri respectueux d'un cœur dont le dévouement est éternel.

Les vrais amis d'un Prince ne sont pas ceux qui laissent dire ou faire, pressentent l'idée qui aura la victoire, et en flattent dès lors l'éclosion sans avoir la conviction.

Le partisan honnête et loyal, qui a droit d'être écouté, est celui qui ouvre son âme franchement et ose dire, quoique vous en pensiez : « La vraie route est là, et pas ailleurs ! » Il peut aller au devant d'une disgrâce ; mais sa conscience le récompense de son devoir accompli et votre noble cœur, si bon appréciateur du dévouement, l'approuve lui-même dans son for intérieur et lui pardonne de faire entendre une voix indépendante. J'en suis sûr : et c'est ma douce consolation et mon espoir le plus vif.

Paris, 7 juillet 1869.

Paris. — Imprimerie Town et Vossen, rue d'Abouki, 9.